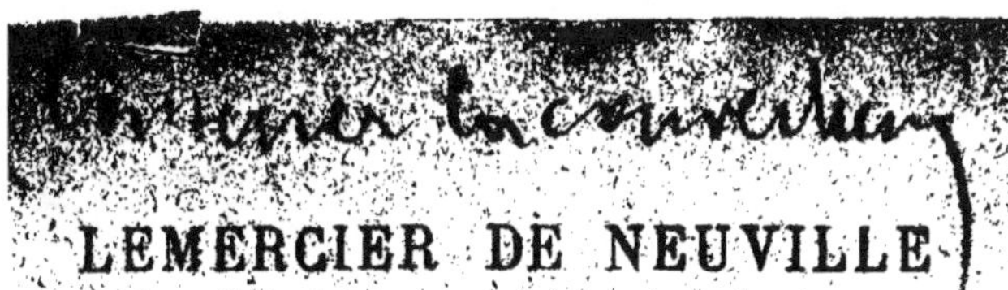

LE
DÉSESPOIR DE LOUISON

COMÉDIE-BOUFFE

Pour Jeunes Filles

PARIS
LIBRAIRIE THÉATRALE
14, RUE DE GRAMMONT, 14

1891

LE
DÉSESPOIR DE LOUISON

COMÉDIE EN UN ACTE

LE
DÉSESPOIR DE LOUISON

COMÉDIE EN UN ACTE

PAR

LEMERCIER DE NEUVILLE

PARIS

LIBRAIRIE THÉATRALE

14, RUE DE GRAMMONT, 14

—

1891

Droits de traduction, de reproduction et de représentation réservés.

PERSONNAGES

MADAME DUVAL.
LOUISON.
JEANNETTE.
LA MÈRE JACQUES.

LE
DÉSESPOIR DE LOUISON

Une salle à manger. — Table au milieu. A droite, buffet sur lequel il y a une douzaine de pots de confitures couverts avec du papier. — A gauche, au fond, fenêtre, auprès de laquelle est suspendue une cage dans laquelle il y a un serin. Chaises. Portes à droite, à gauche et au fond.

SCÈNE PREMIÈRE

MADAME DUVAL, achevant d'écrire sur les pots de confitures.

Lisant en écrivant. « Poison pour les rats ! Poison pour les rats ! ». Là, voilà qui est fait, avec cette précaution, mes pots de confitures de groseilles sont à l'abri de l'indiscrétion de mes servantes. — (Au public.) Car j'ai des servantes qui sont d'une bêtise de premier ordre et d'un sans-gêne des plus indépendants, et pourtant elles me doivent tout... Il y avait dans mon pays une famille de pauvres gens, la famille Jacques, qui s'est vue tout à coup privée de son chef. Jacques qui était mon jardinier, étant mort, je me chargeai

de la mère Jacques et de ses deux filles, Louison et
Jeannette, mais je ne puis pas les débarrasser de leur
sottise. Elles ont tous les défauts : elles sont gour-
mandes, paresseuses, curieuses, grossières, et tout
cela naïvement. Pas méchantes, par exemple, mais
j'aimerais mieux souvent leur méchanceté que leur
bêtise. — Je ne puis pas les renvoyer, puisque je les
ai recueillies, pourtant je vais tâcher de placer la
plus jeune, Jeannette, et j'essayerai de faire quelque
chose de l'autre.

SCÈNE II

MADAME DUVAL, LOUISON.

LOUISON.

Vous v'là, notre maîtresse !

MADAME DUVAL.

Oui, me voilà, qu'est-ce que tu veux ?

LOUISON.

Vous allez t-y point vous fâcher ?

MADAME DUVAL.

Me fâcher ? Tu as encore fait une bêtise ?

LOUISON.

Des bêtises ? Qui est-ce qui n'en fait pas ? Mais ce
n'est point une bêtise que j'ons faite, c'est un accident.

MADAME DUVAL.

Un accident ?

LOUISON.

Oui, vous savez ben votre machine qui fait tic toc,
tic toc...

MADAME DUVAL.

Quelle machine?

LOUISON.

Oui, sur votre cheminée, qu'a des aiguilles qui tournent.

MADAME DUVAL.

Ah! ma pendule! Eh bien?

LOUISON.

Eh bien! Vous m'avez t-y pas dit toujours que j'étais une ignorante?

MADAME DUVAL.

Sans doute!

LOUISON.

Alors moi, ça m'a été au cœur, ce reproche là! Et j'm'ai dit: Ah! j'suis une ignorante? eh bien, maintenant je veux tout savoir!

MADAME DUVAL.

Mais quel rapport!...

LOUISON.

V'z allez voir!... J'm'étais toujours dit que j'saurais comment ça marche...

MADAME DUVAL.

Quoi?

LOUISON.

La machine!

MADAME DUVAL.

Ma pendule! Ah! malheureuse, tu l'as cassée! J'y tenais tant!

LOUISON.

J'l'ai pas cassée! oh! pour ça non! J'l'ai pas cassée! Mais elle n'parle plus.

MADAME DUVAL.

Qu'as-tu donc fait ? petite sotte !

LOUISON.

J'ai voulu voir la bête qu' n'y a dedans, qui fait tic toc ! Alors j'ai mis la main dans la machine pour la prendre, mais faut croire que j'm'y s'rai mal pris ; a s'est mise à crier brrrrrrr ! Et puis, maintenant all' n'dit plus ren.

MADAME DUVAL.

Tu as cassé le grand ressort ! Je t'avais pourtant défendu d'y toucher ?

LOUISON.

Mais pour apprendre, fallait ben !

MADAME DUVAL.

Ecoute, Louison ! Ça ne peut pas durer comme ça ! Tu es désobéissante, curieuse et plus je te défends une chose moins tu m'obéis. Si ça continue, je te renverrai au village. Là tu feras toutes les sottises que tu voudras, mais au moins je n'en souffrirai pas.

LOUISON.

Ah ben non ! Vous ne ferez pas ça ! Ça s'rait pas juste ! Vous me dites d'apprendre et puis quand j'vous obéis, vous dites que j'suis dans mon tort ! (Pleurant.) C'est pas ma faute, n'a, si j'ai crevé la bête sans le savoir, j'la voyais pas !

MADAME DUVAL.

La bête, c'est toi...

LOUISON, pleurant toujours.

J'suis une pauvre fille, c'est pas 'une raison pour m'abominer comme ça.. hi ! hi ! hi !

MADAME DUVAL.

Tais-toi !

LOUISON, éclatant.

Ah ! que j'suis malheureuse !

SCÈNE III

MADAME DUVAL, LOUISON, LA MÈRE JACQUES.

LA MÈRE JACQUES, apportant une lettre.

Qui qui n'y a? Qui qui n'y a?

MADAME DUVAL.

Il y a que j'vais renvoyer votre fille au village où elle gagnera sa vie comme elle voudra... elle me casse tout ! Je n'en veux plus chez moi.

LA MÈRE JACQUES.

Seigneur ! Jésus ! Quéque t'as encore fait ?

LOUISON.

J'ai rien fait ! Les maîtres, c'est jamais content !...

MADAME DUVAL.

Vous êtes une petite insolente ! — Qu'est-ce que c'est que cette lettre-là, mère Jacques?

LA MÈRE JACQUES.

Quien pardi ! c'est une lettre pour vous. On ne m'écrirait pas à moi, puisque je ne sais point lire ! J'suis pas savante comme celle-là (Montrant Louison.) qu'a été à l'école et qui sait lire, écrire, carculer...

MADAME DUVAL, l'interrompant.

C'est bon ! c'est bon ! donnez-moi la lettre.

Elle va prendre la lettre à la mère Jacques et va la lire à part.

LA MÈRE JACQUES, continuant.

.... Carculer sù ses doigts et qu'est bien éduquée

1.

enfin ! C'est feu mon homme qui voulait ça ! Et c'te
pauvr' chérie-là, v'là qu'on voudrait la renvoyer !
Enfin, quéque t'as fait ?

LOUISON.

Ren ! j'te dis.

LA MÈRE JACQUES.

Ren ? C'est pas possible, all' n'te renverrait pas
pour ren.

LOUISON.

Eh ben, c'est pas'que j'y ai crevé la bête qu'était
dans la pendule ! Dame ! c'est pas ma faute à moi !

LA MÈRE JACQUES.

Ben sûr !

MADAME DUVAL, ayant fini de lire, à part.

Allons, c'est au mieux ! On m'a trouvé une place
pour Jeannette ; ça me fera une imbécile de moins...
Je vais auparavant voir ce que c'est, et puis la
recommander près de ses maîtres, car enfin cette pauvre fille a grand besoin de protections. (A la mère
Jacques.) Mère Jacques, où est Jeannette ?

LA MÈRE JACQUES.

All' est avec les oies. C'est-y que vous avez à y
dire quéque chose ?

MADAME DUVAL.

Sans doute, puisque je la demande.

LA MÈRE JACQUES.

J'vas la *crie* ! (quérir).

MADAME DUVAL.

C'est ça, allez la chercher !

LA MÈRE JACQUES.

Au moins, c'est pas pour la renvoyer aussi ?

MADAME DUVAL.

Mais non ! Au contraire...

LA MÈRE JACQUES, à part.

Pauvres agneaux ! C'est fait pour supporter tous
les péchés du monde.

Elle sort.

SCÈNE IV

MADAME DUVAL, LOUISON.

LOUISON, à part.

All' n'a pas l'air si fâchée ! J'partirai pas encore de
c'coup-ci.

MADAME DUVAL.

Ecoute, Louison, je vais sortir. Fais bien attention
à ce que je vais te dire.

LOUISON.

Oui, notr' maîtresse.

MADAME DUVAL.

Tu as beaucoup à te faire pardonner, aussi faut-il
m'obéir. — D'abord, tu vas donner un coup de plumeau partout...

LOUISON.

Oui, notr' maîtresse.

MADAME DUVAL.

Tu ne toucheras pas à ces pots qui sont là sur le
buffet...

LOUISON.

Ces pots de confitures ?

MADAME DUVAL.

Ce ne sont pas des confitures. C'est du poison pour les rats. — Tiens, lis !

LOUISON, épelant.

P.o.i, poi, s.o.n, son, Poison, p.o.u.r, pour, l.e.s, r.a.t.s, Rats : Poison pour les rats, tiens, c'est vrai ! Oh ! n'ayez pas peur, je n'y toucherai pas.

MADAME DUVAL.

J'y compte bien. Puis tu nettoieras la cage du serin.

LOUISON.

De Fifi ! oui, notr' maîtresse.

MADAME DUVAL.

Tu feras bien attention de ne pas le laisser envoler.

LOUISON.

N'ayez pas peur !

MADAME DUVAL.

C'est que si je te trouvais encore en faute, je ne te pardonnerais pas.

SCÈNE V

MADAME DUVAL, LOUISON, LA MÈRE JACQUES, JEANNETTE.

LA MÈRE JACQUES.

La v'là !

MADAME DUVAL.

Approche, Jeannette. — J'ai trouvé pour toi une bonne place, où tu apprendras ton métier de ser-

vante. Il faudra être bien laborieuse, bien obéis-
sante, ne jamais répondre à tes maîtres et n'être pas
paresseuse. Si on est content de toi, je demanderai
à ce qu'on te laisse sortir tous les dimanches pour
venir voir ta mère.

JEANNETTE.

Et vous itou ?

MADAME DUVAL.

Sans doute.

JEANNETTE.

Et ma sœur itou ?

MADAME DUVAL.

Sans doute, puisqu'elles sont avec moi. Je vais
m'absenter un moment. Vous allez continuer à faire
votre ouvrage. — Toi, tu vas retourner près de tes
oies, et la mère Jacques va s'occuper de la basse-
cour : donner à manger aux poules, aux pigeons, nettoyer le colombier et l'écurie, donner de l'avoine au
cheval, enfin faire le nécessaire. J'ai donné mes
ordres à Louison ; est-ce bien compris ?

LES TROIS SERVANTES.

Oui, notr' maîtresse !

MADAME DUVAL.

Je vous préviens que je ne veux plus de maladresse,
et que je renverrai impitoyablement celle qui en
fera ! Maintenant travaillez, je ne serai pas longtemps
absente.

Elle sort.

SCÈNE VI

LOUISON, LA MÈRE JACQUES, JEANNETTE.

LA MÈRE JACQUES.

Eh ben, dites donc, mes enfants, la maîtresse all'
devient sévère ? Faudra ben faire attention.

JEANNETTE.

All' ne m'aviont jamais grondée, moi?

LOUISON.

Pardine ! Pour c'que t'as à faire ? Garder des oies, c'est pas difficile.

JEANNETTE.

Tu crois ça, toi ! J'voudrais ben t'y voir ! C'est vicieux, les oies ! Faut pas les perdre de vue; avec tout ça, c'est toujours toi qui l'as fâchée?

LOUISON.

Oui, c'te fois-ci, une autre fois ce s'ra toi, ou maman. Quand on veut crier on s'en prend à c'tie-là qu'on a sous la main.

JEANNETTE.

Enfin, c'est toujours après toi qu'elle crie ?

LOUISON.

Parce que j'suis pus souvent qu'vous auprès d'elle.

LA MÈRE JACQUES.

Tout ça c'est parler pour rien dire. Nous avons toutes trois une bonne place, faut la garder ! Allons, ne perdons pas notre temps ! (A Jeannette.) Toi, va à tes oies, moi, je vais à ma basse-cour, et toi, Louison, fais ce que la maîtresse t'a dit. Viens, Jeannette !

Jeannette et la mère Jacques sortent.

SCÈNE VII

LOUISON.

C'est ennuyeux d'être toujours grondée ! pourtant j'faisons ben attention ! On n'peut pas dire que j'fais

pas attention ! Ça, non ! — Ainsi, dans l'salon, y a
une petite étagère couverte de toutes sortes de cho-
ses, eh ben, c'est noir de crasse, j'y touche jamais,
de peur de casser ! C'est-y de la prévoyance, ça ! —
Voyons ! Donnons un coup de plumeau. (Elle épous-
sette.) All'va placer ma sœur, pourvu qu'elle con-
vienne ! All' n'est point futée, la Jeannette ; j'y
recommanderai de ne point se fatiguer, all' est plus
jeune que moi et point forte, faut pas qu'ell' s'rende
malade. (On entend le serin qui chante.)[1] Tiens ! v'là le
serin qui chante ! P'tit fifi ! Ah ! il me connaît bien,
p'tit fifi ! fifi ! (Elle va décrocher la cage.) J'vas y donner
à manger et nettoyer sa cage ! — (Elle prend la planche
de la cage et la nettoie à la porte. Pendant ce temps le serin s'en-
vole et va se percher sur le buffet. Pour obtenir cet effet on
dispose de la fenêtre au sommet du buffet un double fil invisible
au public qui fait un va-et-vient. En ouvrant la cage, Louison y
accroche l'oiseau empaillé, qui peut ainsi aller sur le buffet puis
s'enfuir par la fenêtre. En reportant la planche, Louison voit
l'oiseau s'envoler.) Tiens ! le v'là parti ! J'ai donc laissé
la cage ouverte ? Sapristi, il faut le rattraper ! C'est
que Madame ne plaisanterait pas ! (Elle appelle.) Fifi !
Fifi ! Ous-ce qu'il est ? Fifi ! Ah ! le v'là sur le buffet !
Fifi !... Du sucre ! Fifi ! — J'vas lui présenter sa
cage. (Elle prend la cage, puis monte sur une chaise près du
buffet et tend la cage à l'oiseau.) Fifi ! petit mignon, du
sucre ! (Louison à ce moment manque de tomber, elle se rac-
croche d'une main au buffet et dérange une pile d'assiettes qui
tombent par terre. A ce bruit l'oiseau retraverse la scène et s'en-
vole par la fenêtre.) Ah ! Jarnonbille ! v'là l'oiseau
envolé par la fenêtre ! En v'là une histoire ! (Elle des-
cend de la chaise, pose la cage sur la table et court à la fenêtre.)
Maman ! Maman ! Ferme la grille, le serin est envolé !
Ah ben, j'sommes sûre de notre affaire, de c'coup-ci,

---

1. L'imitation du chant de l'oiseau se fait avec un
appeau à alouettes, petit instrument qu'on trouve chez les
armuriers et les marchands de jouets.

si je n'attrape pas le serin, j'peux faire mon paquet...
Le v'là dans la cour, il va passer dans le jardin, on
dirait qu'il fait exprès !... Ah ! mon Dieu ! le chat !...
le chat court après, il va le croquer ! Au chat ! au
chat !...

SCÈNE VIII

LOUISON, LA MÈRE JACQUES.

LA MÈRE JACQUES.

Mais qu'est-ce t'as à crier comme ça ! On dirait
qu'on t'égorge !

LOUISON.

Le serin s'est envolé !

LA MÈRE JACQUES.

T'as donc ouvert la cage ?...

LOUISON.

Il faut courir après.

LA MÈRE JACQUES.

Par où qu'il est ?

LOUISON.

Par là, au bout de la cour près du jardin...

LA MÈRE JACQUES.

Attends ! J'vas voir !

LOUISON.

Prends la cage, tu l'mettras dedans.

LA MÈRE JACQUES.

C'est une idée ! Dame ! si y veut, encore ?

LOUISON.

Mais dépêche-toi, avant qu'il n'gagne les champs !

LA MÈRE JACQUES.

Seigneur mon Dieu! Si on ne le rattrape point,
qué qui va arriver ?

Elle sort avec la cage.

SCÈNE IX

LOUISON.

J'suis une pauvre fille qui n'a pas d'chance ! A c'ma-
tin, j'casse le grand ressort, comme a' dit, et maintenant v'là que j'laisse échapper le serin ! (Regardant
encore par la fenetre.) V'là maman qui passe dans l'jardin, j'vois pus le s'rin ! C'est fini ! (Descendant la scène.)
Qu'est-ce que j'vas y dire! Elle n'entendra rien ! All'
va m'renvoyer ! qu'est-ce que j'vais devenir? Si j'avais
des économies, j'y achèterais un autre serin, all' n'y
verrait rien ! Mais j'ai pas d'argent, j'suis ici pour
ma nourriture, ma mère aussi, ma sœur itou ! Qué
malheur ! Mon Dieu ! qué malheur ! — Et moi qui
disais encore que j'allais faire ben attention ! Ah!
ben ouiche ! j'ai fait attention, pardine ! seulement
j'm'ai pas aperçu que la cage du serin était ouverte !
Ça arrive à tout le monde, pas vrai ? Ah! mon Dieu!
mon Dieu!

Elle pleure.

SCÈNE X

LOUISON, JEANNETTE, entrant en pleurant.

JEANNETTE.

Hi! Hi! Hi ! Qu'est-ce que je vais devenir ?

LOUISON, pleurant.

Et moi donc ! Hi! Hi! Hi!

JEANNETTE.

Parties comme ça ! J'ai cherché partout.

LOUISON.

Ah ! quand ça s'ensauve ! C'est pas facile à rattraper.

JEANNETTE.

Pardine! Je l'sais ben, depuis le temps que j'cours après.

LOUISON.

C'est que ça vole ben!

JEANNETTE.

Ça court encore mieux !

LOUISON.

La maîtresse va être en colère ! C'est sûr qu'elle va me renvoyer, elle l'a dit.

JEANNETTE.

Ben sûr ! En v'là une recommandation pour me placer.

LOUISON.

Dis donc ! J'ai une idée ! Si on faisait crier par le tambour de ville...

JEANNETTE.

Ben sûr ! C'est une idée!

LOUISON.

Oui, mais j'n'ons point d'argent.

JEANNETTE.

Ni moi non plus !

LOUISON.

Je remettrons toujours la cage à sa place, peut-être ben qu'ell' ne s'en apercevra pas tout de suite.

JEANNETTE.

Quelle cage?

LOUISON.

La cage du serin, donc !

JEANNETTE.

C'est pas ça qui fera revenir mes oies !

LOUISON.

Quelles oies?

JEANNETTE.

Les oies de not'maîtresse, puisqu'elles sont en-sauvées!

LOUISON.

Ensauvées ! Les oies aussi ! c'est un jour de mal-heur.

JEANNETTE.

Dame! Je ne pleurerions point si j'les avions.

LOUISON.

J'croyions tu pleurais pour mon serin ?

JEANNETTE.

Ton serin ?

LOUISON.

Il s'a ensauvé aussi !

JEANNETTE, explosion de larmes.

Oh! ben alors ! j'vas pleurer aussi pour li !

LOUISON, id.

Et moi pour tes oies!

ENSEMBLE, id.

Qu'allons-nous devenir ?

Elles s'assoient l'une à droite, l'autre à gauche, et pleurent.

SCÈNE XI

Les Mêmes, LA MÈRE JACQUES, pleurant.

LA MÈRE JACQUES.

Cette fois-ci ! ça y est ! Hi ! Hi ! Hi !

LOUISON.

Oui, ça y est ! T'as pas pu le retrouver ?

LA MÈRE JACQUES.

Le retrouver ?

LOUISON.

Oui, le s'rin !

LA MÈRE JACQUES.

Ah ! ben oui ! Y a beau temps qui court !

LOUISON.

Qué qu'i y a encore ?

LA MÈRE JACQUES.

Mais c'est ta faute aussi ! Pendant que j'courions
après le serin, j'avions laissé la basse-cour ouverte.
Toutes les poules sont parties !...

LOUISON.

Les poules ?

LA MÈRE JACQUES.

Le chat a mangé un pigeon !

LOUISON.

Aussi ?

JEANNETTE, pleurant.

Mes oies ! mes oies !

LOUISON.

Et ses oies qui se sont ensauvées !

LA MÈRE JACQUES.

Les oies aussi ! Nous sommes perdues, mes enfants.

JEANNETTE, pleurant.

Perdues, maman ! Perdues !

LOUISON.

La maîtresse ne nous pardonnera jamais !

LA MÈRE JACQUES.

Tout ça, ça va lui faire un gros chagrin !

LOUISON.

Ah! pour sûr ! Et elle ne mérite pas ça.

LA MÈRE JACQUES.

Oh ! non ! par exemple ! Car elle est bien bonne, c'est elle qui nous recueillit !

JEANNETTE.

Nous adoptit !

LOUISON.

Nous nourrit !

LA MÈRE JACQUES.

Nous consolit !

LOUISON.

Nous encouragit !

JEANNETTE.

Nous protégit. Hi ! Hi ! Hi !

TOUTES TROIS.

Hi ! Hi! Hi ! Hi !

LOUISON.

Eh ben, voulez-vous que j'vous dise, nous n'avons plus qu'une chose à faire, maintenant, c'est de nous péri !

LA MÈRE JACQUES.

Ah ! oui ! c'est de nous péri !

JEANNETTE, éclatant.

Nous péri !

LOUISON.

C'est-y convenu ?

LA MÈRE JACQUES.

C'est convenu !

JEANNETTE.

Pardine ! j'vas pas vous laisser vous péri toutes seules.

LOUISON, tendant la main.

Jurons !

LA MÈRE JACQUES, id.

Je jurons.

JEANNETTE, id.

Et mé itou !

LOUISON.

C'est bon. Maintenant il faut pas attendre que la maîtresse revienne, autrement ça serait pas la peine.

LA MÈRE JACQUES.

Ah mais oui ! Faut nous dépêcher, encore.

JEANNETTE.

Comment qu' j'allons faire ? J'm'ai jamais péri !

LOUISON.

Moi non plus ! mais y a ben des moyens, va.

LA MÈRE JACQUES.

L'pus court, va ! ça serait de nous jeter à l'iau !

LOUISON.

Oui, mais, la mare est au bout du jardin. J'aurions l'temps de changer d'avis d'ici là.

JEANNETTE.

Et pis on s'mouille ! c'est pas propre !

LA MÈRE JACQUES.

Ça, ça n'f'rait rien ! Quand on est défuntée, on n'regarde pas à la propreté.

LOUISON.

Ben sûr !

LA MÈRE JACQUES.

J'pourrions encore nous asphysier ?

JEANNETTE.

Asphysier ! Quéque c'est que ça ?

LOUISON.

Tu ne te rappelles donc pas le père Machelard ?

JEANNETTE.

Machelard, le sonneur ?

LOUISON.

Oui ! Il est défunt, pas vrai ? Eh ben ! y s'est asphysié.

JEANNETTE.

Comment qu'il a fait ?

LOUISON.

Y s'a asphysié avec un réchaud, plein de charbon, qu'il a allumé.

JEANNETTE.

Y s'a mis dessus ? Ça a dû lui faire bien mal !

LA MÈRE JACQUES.

Y paraît qu'non ! D'abord y s'aurait brûlé si y s'aurait mis sur l'fourneau. Mais y s'a enfermé avec li, et pis, y s'a mis à dormi et y n's'est point réveillé. Ça c'est commode ! Mais nous n'avons point d'charbon.

LOUISON.

Y en n'a ty point à la cuisine ?

LA MÈRE JACQUES.

Oui, mais y n'est point à nous, il est à la maîtresse ! Faut point quitter la vie en faisant une mau-
vaise action.

JEANNETTE.

Alors quéque nous allons faire ?

LOUISON.

Ecoutez ! j'ons une idée. Y a des cordes dans l'écurie, on l's'attachera au râtelier du cheval et on s'pen-
dra. Y paraît qu'on n'souffre point.

LA MÈRE JACQUES.

C'est ça ! Comme ça on pourra payer un peu à la
maîtresse le dommage qu'on l'y a fait.

JEANNETTE.

Comment ça ?

LA MÈRE JACQUES.

Dame ! c'est vrai ! Y paraît que la corde de pendu
c'est un talisman, ça porte bonheur. La maîtresse
en aura de quoi vendre. All' pourra comme ça rache-
ter un autre serin et des oies !

LOUISON.

C'est dit ! Ah ! ma mère !

JEANNETTE.

Ah ! ma sœur !

LA MÈRE JACQUES.

Ah ! mes enfants !

Elles se jettent dans les bras l'une de l'autre en sanglotant,
puis elles sortent tragiquement par la porte de la cuisine.

SCÈNE XII

MADAME DUVAL, rentrant par la porte du fond.

La place ne convient pas à Jeannette, il faut une fille qui connaisse le service. Je chercherai ailleurs. — Mais où sont donc mes servantes, je n'ai trouvé personne dans la maison ! M'auraient-elles encore joué quelque tour ? (Appelant.) Louison ! Louison ! (Apercevant les assiettes cassées.) Oh ! qu'est-ce que je vois ? Mes assiettes cassées ! Vraiment cette fille est impossible ! (Elle regarde par la fenêtre.) Eh bien, où est la cage de Fifi ? Est-ce qu'elle aurait laissé envoler l'oiseau ? C'est trop fort. Ah ! je vais la tancer d'importance ! (Elle se retourne et regarde autour de la chambre.) Où est-elle ? Elle se cache sans doute ! Mais, c'est singulier ! Je ne vois pas une seule poule dans la cour. Et les oies ? Il n'y en pas une dans le clos. Où est Jeannette ? Et la mère Jacques ? Absentez-vous donc ! Je ne peux pas compter sur elles ! Ah ! je vais les secouer d'importance ! Allons voir à la cuisine !

Elle sort par la porte de droite.

SCÈNE XIII

LA MÈRE JACQUES,
LOUISON, JEANNETTE, entrant par la porte du fond
et tenant chacune une corde à la main.

LA MÈRE JACQUES.

Ça n'a point réussi, la corde s'est cassée !...

JEANNETTE.

All' n'était point assez solide.

LOUISON.

Y faut trouver autr' chose !

LA MÈRE JACQUES.

Ben sûr ! pisque j'avons juré, j'sommes obligées d'aller jusqu'au bout.

JEANNETTE.

Qué qu'on va faire maintenant ?

LOUISON, passant devant le buffet.

Ah ! v'là notr' affaire ! J'y avais pas pensé ! Poison pour les rats ! J'allons manger ça !

JEANNETTE.

J'sommes trop grandes ! Ça peut tuer un rat, mais pas nous !

LOUISON.

T'es point fine, ma sœur ! J'mangerons chacune un pot et si c'est point assez, j'en mangerons un autre, jusqu'à ce qu'ça vienne.

LA MÈRE JACQUES.

Oh ! si c'est de la poison, ça viendra, ben sûr !

JEANNETTE.

C'est p't-êtr' mauvais à la bouche ?

LOUISON.

Ça ne fait rien ! Nous n'en mangerons qu'une fois !
Elle met trois pots de confitures sur la table du milieu.

JEANNETTE.

Comment qu'on va manger ça ?

LOUISON.

En tartines donc ! Attendez ! j'vas les faire. (Elle va au buffet et y prend un large pain rond, et avec un couteau fait trois longues tartines qu'elle distribue.) Là, beurrez-moi ça, avec du poison !
Elles mettent sur leurs tartines une couche épaisse de confitures.

JEANNETTE.

Ça sent bon ! On dirait de la confiture aux groseilles ?

LA MÈRE JACQUES.

Dame ! pour attirer les rats, faut pas leur donner
quelque chose de mauvais.

LOUISON.

Y sommes-nous ? Commençons !

*Elles sont assises autour de la table du milieu, les coudes
sur la table, et se mettent à manger.*

JEANNETTE.

C'est point mauvais ! C'est sucré.

LA MÈRE JACQUES.

Les rats, ça aime le sucre.

LOUISON.

Maintenant qu'c'est commencé, faudra pas s'arrê-
ter, parce que ça nous rendrait malades et que je
ne serions point péries !...

LA MÈRE JACQUES.

Sens-tu quéque chose, toi ?

JEANNETTE.

Non ! pas core ! Et toi ?

LA MÈRE JACQUES.

Moi, ren ! ça va v'ni !

LOUISON.

Faut pas traîner ! La maîtresse peut rentrer ! On
va en mettre encore dessus.

*Elle va chercher trois autres pots de confitures, et elles en
chargent leurs tartines.*

JEANNETTE.

J'en peux pus ! J'ai pus faim ! J'étouffe !

LA MÈRE JACQUES.

C'est qu'ca commence ! Maintenant ça ne va pas être long.

LOUISON.

Tu sens pas des *écoliques* ?

JEANNETTE.

Pas core !

LA MÈRE JACQUES.

Ça va v'ni !

Elles mangent gloutonnement.

SCÈNE XIV

LES MÊMES, MADAME DUVAL, entrant par la porte du fond.

MADAME DUVAL.

Je n'ai trouvé personne... Ah! les voici! Que vois-je?... A ma table? Qu'est-ce que ça veut dire?

LOUISON.

Notr'maîtresse !

LA MÈRE JACQUES.

Tais-toi ! J'sis la plus vieille, c'est à moi à parler.

MADAME DUVAL.

Expliquez-vous ! Et vite !...

LA MÈRE JACQUES.

Oh ! oui ! ben vite, notr'maîtresse, car j'en avons point pour longtemps !...

MADAME DUVAL.

Que signifie ?

LA MÈRE JACQUES.

J'sommes en train de nous péri !

MADAME DUVAL.

De vous périr ?

LA MÈRE JACQUES.

Oui, notr'maîtresse ! avec votre poison !

MADAME DUVAL, à part.

Ah ! je comprends ! Maladroite, ma précaution tourne contre moi ! (Haut.) Et pourquoi s'il vous plaît ?

LOUISON.

Dame ! notre maîtresse ! J'avons laissé ensauver votre serin et cassé vos assiettes !...

LA MÈRE JACQUES.

En courant après le serin, j'avons laissé partir les poules !...

JEANNETTE.

Et moi les oies !...

LA MÈRE JACQUES.

J'pouvions pus espérer que vous nous pardonneneriez ! Et pis, j'étions peinées d'avoir fait tant de mal à notre bonne maîtresse !...

LOUISON.

Que nous aimons ben !...

JEANNETTE.

Oh ! oui !

LA MÈRE JACQUES.

Mais on nous a jeté un sort ! Je n'réussissons à rien, faut mieux nous aller ! Ah ! allez, notre maîtresse, j'en avons pas pour longtemps maintenant ! J'en avons tant mangé d'poison, qu'la mort va pas tarder à v'nir !

MADAME DUVAL.

Je le vois bien ! (A part.) Elles me font pitié ! Mais j'espère que cette leçon leur profitera.

LA MÈRE JACQUES.

Allez-vous-en, notre maîtresse ! Faut point que vous soyez là quand j'allons péri.

MADAME DUVAL.

Et si vous ne mouriez pas ?

LA MÈRE JACQUES.

Qué que vous dites là ? C'est trop tard maintenant !

MADAME DUVAL.

Ecoutez ! vous n'êtes pas empoisonnées ! J'avais mis cette étiquette sur mes pots de confitures pour que vous n'y touchiez pas. (A part.) Ça m'a bien réussi ! (Haut.) Je vous ai dit, en partant, que je renverrais celle de vous qui commettrait une faute. Vous avez toutes trois été coupables cependant, je trouve la leçon suffisante. Je ne renverrai qu'une de vous. Choisissez, vous-même, celle qui doit partir.

LOUISON.

C'est moi, notre maîtresse ! C'est moi qui suis cause de tout !

LA MÈRE JACQUES.

Non, c'est moi ! Je suis la plus vieille, j'aurais dû être la plus sage.

JEANNETTE.

Pas du tout, c'est moi ! C'est moi qui ai fait le plus grand tort.

MADAME DUVAL, à part.

Elles ont bon cœur, je suis tout attendrie. (Haut.) Eh bien, puisque vous ne vous décidez pas...

LA MÈRE JACQUES.

Notre maîtresse, allez ! Renvoyez-nous toutes trois,
j'l'avons mérité ! Je sommes trop bêtes pour vous !

MADAME DUVAL.

Non ! Je vous pardonne ! mais c'est pour la der-
nière fois !...

TOUTES TROIS.

Ah ! notr'maîtresse ! notre maîtresse !...

Elles se mettent à ses genoux.

LA MÈRE JACQUES.

J'vous bénissons !

LOUISON.

J'vous adorons !

JEANNETTE.

J'vous couvrons de bénédictions !

MADAME DUVAL.

Relevez-vous ! J'espère que vous ne vous mettrez
plus dans le cas de vous périr, comme vous dites, et
que si ça vous passait encore par la tête, vous ne
vous serviriez plus de mes confitures !

FIN

Imprimerie Générale de Châtillon-sur-Seine. — M. Pepin.